명곡은 $E=mc^2$

오정미 시집
명곡은 $E=mc^2$

초판 인쇄 / 2011년 7월 20일
초판 발행 / 2011년 7월 25일

지은이 / 오정미
펴낸이 / 김경옥
편집 / 이진만 염민정
펴낸곳 / 도서출판 온북스
등록번호 / 제 312-2003-000042호
등록년월일 / 2003년 8월 14일
주소 / 서울특별시 은평구 응암1동 81-227번지
전화 / 02) 303-0762, 2263-0360
팩스 / 02) 303-2010, 2263-0370
전자우편 / bjs4602@hanmail.net
값 8,000원

ISBN 978-89-92364-62-1 (03810)
* 잘못된 책은 바꾸어 드립니다.

명곡은 $E=mc^2$

오정미 시집

온북스
onbooks

| 시인의 말 |

"학은 천년을 살기가 얼마나 고달팠을까
거북이의 만년은 얼마나 답답하고 지루했을까"

저의 글이 모든 사람들과 공감을 나누고
풍요로운 정신세계의 깊은 심층 속,
자아를 찾는 꿈나무, 여러분과
함께 시 여행을 떠나요.

시집을 발간하기까지 물심양면으로 도와주신 사랑하는 가족과 스승님, 그리고 편집인님들께 깊은 감사를 드립니다.

오정미

| 차 례 |

1. 명곡은 $E=mc^2$

2. 상자 속 아버지

3. 바람 부는 대로

1

명곡은 $E=mc^2$

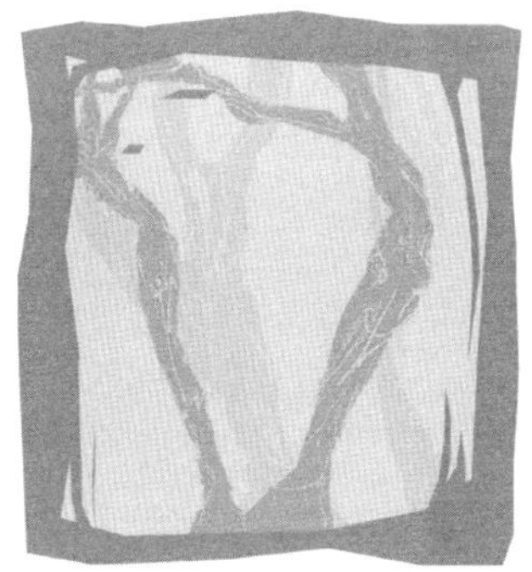

명곡은 $E=mc^2$

조그만 스피커
흘러나오는 베토벤 현악4중주

현란한 현의 선율
온몸 세포 이완하네

가물가물 미지의 영혼놀이
내 앞에 펼쳐지고

200년 속으로 여행하며
누군가의 악기 위에 걸터앉아
곤한 하루를 내려놓는다

천재 음악가는 E
휴식은 mc^2

Chaos의 꽃

떨어지는 꽃잎
얼마나 안간힘을
쓰고 있는지,
나는 보았다

솜털의 아름답고
가벼운 몸짓,
중심 속 공간
보았다
비워져 있음을,

컴컴한 텅 빈 공간
무질서 속, 질서
안정 속, 불안정

행복에 젖어 있는 듯한
나는 항상 잠 못 이룬다

아는 듯, 모르는 듯
미래의 불안함

길을 잃고
스치는 바람
나를 찾아오는,

폭풍의 카오스
카오스의 나비여.

TIME LAG

지나가는 것
다가오는 것

어제 보았던 것들,
내일 보아야 할 것들,

호화 찬란 황금 시절
돌고 도는 그 시간,

왜 지나서야 알 수 있는 걸까
잡지 못하는 걸까,
잡히지 않는 걸까,

시차(時差) 때문일까

꿈에 그리던 그것이
내게 오는 순간
그건,
이미 지나버린 시간이네

좌표
_ coordinates

먼 곳에 돌
던져두고
거기까지
걸어가라

아는 이 하나
없어도

함께 하는 이가
늘 있으니

좌표

내 인생의 좌표
coordinates

$$\lim_{\Delta \to 0}$$

한 톨의 씨앗이 대지의 생명체가 되고
꽃은 흙에서 자라고 태어나며 문화로 수렴한다

이제야 알았네

무한함은 최소점 이라는 유한함 앞에서
시작된다는 것을.

∞

꽃이 필 때 잎은 지고 있다

$x^2+y^2=r^2$ (동그라미)

동글뱅이,
원

내 안에 중심
네 안의 원점

너의 중심
나의 원점

나의 동글뱅이,
너의 동글뱅이,

둥글둥글
원의 세계,

원점은 동그라미
모양,
크기, 벗어난 원점
원점은 아름다워라
이웃 원에서 놀다 올게, 즐겁게

너의 원으로 돌아가라
나의 원으로 돌아오라 외치지 말고

원의 가운데 원점이 사네

www. co. kr

대표: 거미
거미줄 법인 설립
업종: 파리, 모기 잡아 꽁꽁 묶어 저축

개인주의 극치
독립채산제
정보매체 발신기지

알아서, 알아서
너는 너, 나는 나
거미는 나 홀로 CEO
편하기 때문
거미줄 중심에
거미 있다

* www. : world wide web 의 마지막 웹은 거미줄
즉, 거미줄 같은 인터넷 정보망 이라는 뜻.

한옥

_ 와공(瓦工) 품안에서 혼(魂)이 탄생되다

흙 빚어 불길 속 참선
뜨거운 생명 잉태하니

귀하신 분 와공 등에 업혀
공중으로 큰일 치러간다

공의 손끝에서
이리저리 꽃단장
암수는 신방을 차린다

서까래 깔고 누워
뒷산 같은 용마루 잇고

수백 년 내려보는
망와(望瓦),

와공(瓦工)혼, 빛
미소 머금은
안녕과 평안
약속해.

plant hunter Darwin

아름답고 고귀한 하늘의 정원을 꿈꾸는
황실의 “플랜트 헌터”
다윈,
내 마음속
꿈꾸는 그것을 찾아
지구, 곳곳을 걸어 헤매다
내 앞까지 다가와
생각과 느낌을 나누고,
진화론의 다윈,
오늘도 그를 만나

자연의 힘,
식물의 힘,
유전의 힘,
인간의 힘,

무변광대한 이런저런 에너지에 대하여 이야기 하네

* 플랜트헌터 – 진귀한 식물의 채집가

입춘과 입추

살갗이 아리도록 추운 꼭짓점
봄이 서 있고

찌는 듯 삼복더위 숨이 찰 때
가을이 서 있다

낮은 곳에 서면 높은 곳이 보이고
높은 곳에 서면 낮은 곳이 보인다

황홀함이 춤출때
허무함이 기다리며

고달픔이 힘겨울 땐
만사형통이 기다린다

나는,
여름에는 겨울준비
겨울에는 여름준비를 할 것이다

윤회(輪廻)

꽃 필 때 잎 지고
헌 잎 가면 새잎 난다

이승이 저승을 이기고 오는 바람같이
저승이 이승을 이기고 오는 바람같이

공간 사랑

위에 또 위
아래, 또 아래

끝없는 우주
사랑의 전율
사랑의 전쟁,

알 수 없는
공간
공간의 다툼

나는 속물근성
나는 속물근성을 버린

뜨거운 마음,

네 사랑과 겸손,
내 사랑과 겸손으로 풀어놓네

꿈

별,
별,

외로운 별,

소우주,

가엾은
별,

꿈 속,
만나지 못하는
그리운 별,
애처로운 별,
사랑하는

대우주

너의 별
나의 별.

시간

시간,
그 길

나를 찾고,
나를 만나고,
세상을 찾고,
세상을 만나고

이치를 찾아서
나는,
고뇌하고,
또, 고뇌하며
헤매이고,
헤매이다

시간 속
멍, 멍하니
바라보다 들여다보다

시간 속으로 지나가 버렸네

1세기

문득 돌아본
1세기 전
적산가옥은 무당집으로
바뀌었네

100년 전
첨단의 빌딩, 부호집
지금
전통, 유물, 토속신앙
도심 속 사당이 되어 있네

가옥은 옛 모습 그대로인데,
주인은 숱하게도 바뀌었네.

Master plan

시간은 앞으로 흐르고
뒤로 흐른다

내 앞에 서 있는 과거
기다리는 미래

30년 전 사진
10년 후 모습

가져오고
가져간다,

꿈꾸는 나의 이상
현실의 그림
오늘,

내가 만드는 인생의 도면
내 인생의,
Master plan

음극은 마이너스로 흐른다

이꽃, 저꽃
양꽃, 음꽃

오른쪽
왼쪽
양극,
음극,

양꽃 아닌
음꽃 아닌

기댈 벽 없는
기타 풀꽃들

귀 막고
눈 반 감고
눈 반 열고
입 다 열린

균형감각,
풀꽃은 늘어져 있네

기타는 음극으로 흘렀네

2

상자 속 아버지

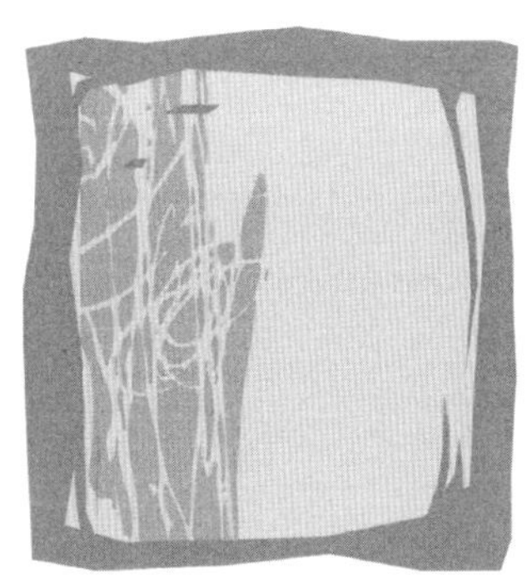

상자 속 아버지

겨울 산에
홀로 앉아
우주를 호령하는
눈빛이 형형한 아버지

"나갔다 올게요"
"그래"

"시장하시면"
"먹을 것 챙겨 드세요"
"그래"

"심심하면 TV 보시고"
"그래"

올려다 보이는
아파트,
상자 속에 갇힌
아버지가 보인다

농부의 Fund

바싹 마른 돌덩어리
눈꼽만 한 씨앗

뚫어지도록
쳐다보는 농부의
씨앗 속 세상

뙤약볕,
거친 손,
이마의 굵은 땀방울
가슴에 햇살

잎이 보이고
줄기가 보이고
열매가 보이고

비가 오고
태풍이 불고
눈물이 흐르고

시간이 지나면
대지가 웃고 기다리는 작품

농부의 손위에서 순간 이동한
씨앗은 열매로 변신한다

자연펀드 수익률 10000%

OPEN SPACE

세련되기 그지없는 가로등 불빛
벤치, 나무, 호수, 돌, 꽃,

하얀 눈,
어이치 못하는 마음
한 폭의 그림
설경,
천국을 수 놓았네

바라보는 눈꽃 여인

만인에게 평등한 마지막 공간.
녹색공원
Open space

노을, 해, 별, 달, 바람

나그네 삶,
마음 따라 가보지 못한 벤치
우산으로 괜스레 툭 툭 건드려 본다

민주주의 (Broad-cast)

던진다
창을 던진다

힘껏 던진다
멀리 던진다
널리 던진다

말을 던진다
정보를 던진다

우리는

한 표를 던진다
4년마다 던진다
5년마다 던진다

이제,

미소를 던져다오
웃음을 던져다오
희망을 던져다오

사람으로 들어가는 문 _ MASTER KEY

열쇠,
열쇠 하나
맞추어보라

갈고 닦고
다듬고 보듬어
이리저리 요리조리

쓰다듬고 안아보아라

가끔,
쇠끝 칼날
찢긴 상처
선홍피 따갑고
아파 쓰라리지만

궁리하고 고뇌하며
매력발산을 마음껏 하여 보아라

Master Key 하나 멋지게 만들어보아라

그 열쇠,
사람이
세상으로 들어가는
문을 열리게 할 것이다

Self-actualization

세상을 바라보다
나를 바라보다

이리, 기웃
저리, 기웃

틈만 나면 삐쳐 나오는
심층 속, 잠든 나를 찾아
나는 떠난다

잠재, 창조, 실현,
그리움, 즐거움, 행복

나를 초월한
더 높은 영감
우리를 찾아 나선다

자아실현,
스스로 행동 한다
Self-actualization

극(極)

촘촘한
그물망 손질
넓디넓은 대양을 겨누고

소박한 갑판
차가운 주먹밥
거센 파도, 싸우고

사랑스러운 물고기
창으로 찌른다

젊은 기혈,
올라오는 파도와
푸른 대결
펼친다, 물거품 날리며

늙은 선장은 푸른 물결,
사랑 연을 맺어 황혼을 나누네

틀 속에 갇힌 나

밖에서
쪼아대고
안에서
쪼아대고

나를 쪼아대고
나도 쪼아댔다

밧줄, 보이잖지만
졸라매고
그래도 길은 보이잖고

줄을 풀기 위해 몹시
몸부림치고 발버둥 쳤다

숨이 턱까지 차오를 즈음
죽음이 내게 손짓할 즈음
맞이할 즈음,

밧줄들을 다 풀고 나왔다

자유로운 영혼이여
밧줄은 첨부터 없었다

밧줄이 풀리는데
시간이 존재할 뿐.

法

물(水) 변의 갈(去)
물이 간다
물이 흐른다

산에서 바다로,
윗논에서 아랫논으로
모심기가 한창이다

가뭄이 온다
대지가 갈라진다
벼락이 치고
태풍이 분다
폭풍우가 몰려 온다

물이 거꾸로 간다
바다에서 산으로
땅을 적셔준다,
새잎이 난다

올해도 풍년가 들려 온다
法만큼 不法이 있는 것이
自然의 순리인가

하나를 위해 백을 항상 버렸다

그러나
하얀 백로,
백이 천이 되어
언젠가는 물고 오는 법

비둘기의 교통사고

차들이 달리는 도심 교차로 신호등 앞
비둘기 한 마리 죽었다
슬퍼하기도 동정하기도 전
차마 눈 마주치지 못해
고개 돌려, 바뀐 신호에 밀려오는
신차들 속으로 시선을 보내버린다

"누가 치워라"
"빨리 저 비둘기 좀 치워라"
아, 이러지도 저러지도 못하게
가슴이 기분 나쁘게 짠하다
종일 비둘기 생각이 머리에 맴돈다
돌아오는 길 안 보고 싶었지만
인간의 본성상 말끔한 도로에
눈길이 가고 미묘하게 편안함,
얼굴에 남겨진다

세상이 그 무언가를
슬퍼하기도 허락지 않는
빠른 속도로 돌아가는 것인가
감정을 인정하지도 않는
머릿속 비둘기는 자연스레 사라져 간다

비둘기는 몹시 서운했으리라.

세상을 낚으며

시간 속
작은 배에
혼자 앉아
세상을 렌즈로 낚으며
셔터를 누른다

나만의 세계

아무도 몰라주는
아무도 몰라야 하는

세상 속 눈길을 끄는,

혼자인 것 같지만
혼자이지 않은

이해하지만
이해할 수 없는

닫혀 있지만
열려버리고 마는

아쉬워야만 세상을 앞서갈 수 있는 것
시간 속 걸어갈 수 있는 것
나를 찾아갈 수 있는 것

Economy

경제,
생산 · 분배 · 교환 · 소비
근검 절약에
바탕을 둔
자연의 섭리

영어사전 한 귀퉁이
소중하게 찾은
목마른 궁금증
해갈

누가,
Economy class
3등석이라 하나
싸구려 칸이라 하나
하늘이 주신 좌석인 것을

*economy :[신학] (하늘의) 섭리

3

바람 부는 대로

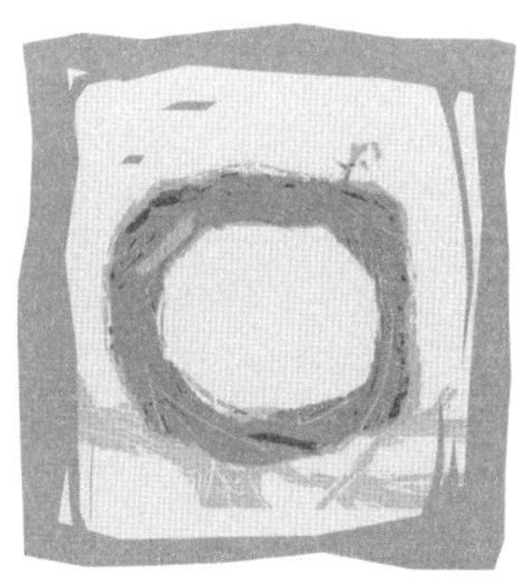

나보다 더 중요한 일을 해야 할 때

보이지 않는 형상과 몇 날 며칠을 이야기 했다

불어오는 바람과
높이 치는 파도

새로운 시대
치솟는 물가

슬며시 웃으며 새로운 오늘을 맞이하기 위해
나는 이야기 한다

벽하고
길하고
하늘,
땅하고 이야기 한다

나보다 더 중요한 일을 할 때는
고독함마저 사치 같아
자연과 친구 되어 토론하며
이치를 찾아 나서며.

Landmark

수백 년 된 이정표
마을 중심 속 정자나무

뿌리도 크고
잎도 무성하다

더 넓은 논밭
뛰는 메뚜기를
찾는 여인

기슭에 쳐박힌 농가와 사람

춤추는 황금물결 이름 모를 잡초

모두 품어 안은 고목

비가 오면 우산 되고
햇볕 따가우면 그늘 되는

자연 속 community house

시작도 끝도 없는
어느 곳 중심이 되어

모두 품어주는
너를 바라본다

별 중의 별은
그냥 가만히 두는 것이라 했던가

그 엄청난 힘을 보았다

수백 년 된 느티나무
마을중심, 랜드마크

하고 싶은 말, 많을 터인데
네가 하는 일은
모든 것을 참으며
가만히 있는 것이었다.

살아가는 길

내가 하는 일,
누군가가
잘못되었다고,
가끔은 잘했다고,
칭찬받는 일들도
따라하는 이는 없습니다

내가 잘못된 일과 잘된 일을
묻고 답하고 결정짓는 일
그것이 충실함에서
모자라는 것임을 알았습니다

그냥, 그냥

내가 할 수 있는 일을 하면서
시간 속을 걸어가는 것입니다

끝에서 끝으로 바꾸기

오른쪽에 있을 것이
왼쪽에 있다면
오른쪽으로 이동시킬 것이네

야생화가 온실에 산다면
야생으로 옮겨다 다시 심을 것이다

사랑이란 자리,
미움과 분노로 잘못 놓여 있다면

다시,
사랑이란 자리에
가져다 놓을 것이다

시계바늘, 되돌려 놓을 수 있다면
손으로 돌려놓고 싶다

그때 그 자리,
거기 거기에서
난 언제나 항상 그곳에.

초충도(草蟲圖)

야들, 야들한
꽃 이파리
밑 구석 뿌리
질긴 근성

날아다니는 나비
흙 위로 풀 위로
기어 다니는 벌레

여리고 야위어진
마음 한구석

강철보다 더한 몸부림

꿈인가, 생시인가
뒤돌아 보니

사라져 버린
시간 속

지금,

아름다운 정원
꽃밭을 바라보는
꽃 한 송이.

벌(罰)

맑은 영혼의 울림은 꿈속에서도 나를 서 있게 하네

곰팡이의 급한 성질

전자현미경,
볼 수 없는 느림보 곰팡이
화가 많이 차이는 날이면
잠도 못 이루는
하룻밤 순간,
온 벽을 곰팡이로 덮어 버리네

옹기장(甕器匠)

움켜지는
흙덩이 한 움큼

설레는 물레질
애가 타는
몸짓 손짓

훨~훨 타는 가마 속
열병 앓으며 보낸 여러 날
초연한 가마
문지기의 목마름

지조(地操)의 화답
황홀한 빛깔
사랑의 탄생

무아지경
고집쟁이 옹기장
소탈한 쓴 웃음

막걸리 한 사발
흩어지는 온몸의 긴장

내친김에 하나 더 인심
옹기,
옹기장이,
그 유명한 옹기장 인심

여~허! 술병 하나는 덤으로 가지슈

바람 부는 대로

바람은 소리 없이
내 얼굴을 만지네
스치는 바람과 바람
사이에서 온 만상(萬象)을
바라보네

살아가야 할 이승은
바람 사이,
바람 사이에 서서
찾아 보네

저기,
저곳인 것 같은 그 이승의 한켠
무거운 발걸음, 발걸음 한발 내디뎌 보네

산들바람, 산들바람,
그곳에 가면
지긋이 나를 기다리는 이승의 바람

향기,
그리운 사람들이 기다리는 곳
오늘 소슬바람이 되어 불어봅니다

그 바람향기가 그립습니다

바람과 하나 되어
이승의 곳곳을
흘러가보는 바람이기를.

파티와 코냑

얼룩진
백색 비단 카펫
주둥이,
큰 크리스탈 와인잔

초콜릿 묻은
빈 접시
쓰러진 의자
빛바랜 샹들리에,

나비넥타이,
악단이 흘린
헨델의 찢어진 악보

백작부인 잃어버린
진주 귀걸이 하나,

긴장했던 근육
이완되며
고통 받는 밤

파티 속,
주인공은
밀려드는
공허함 채워줄
코냑을 찾는다.

나를 찾아온 파리

김장용 젓갈을 한아름 사서,
기분 좋게 안고 오니 옷에 배인 냄새,
겉옷을 빨아 널고
단잠에 빠진 나는
심하게 달려드는
파리의 웽~웽~ 소리에 잠 못 이루었다

어이없네! 짜증이 난 나는,
속옷을 확~확~ 벗어
구석으로 내동댕이쳐 버렸다.
그 후 난 다시 편안하게 잠들 수 있었다

파리는 젓갈냄새를 찾아온 것이었다

단풍 곱다

단풍이
곱게 물드는 것,
나무가 힘을 모아
겨울나기 준비를 하는 것이다

나무의 안간힘을 보며
사람들,
그늘 아래 춤추고
술을 마신다

살기위한 몸부림,
즐거움으로 바라보는 것이
어찌,
나무에만 있으랴

옹기

알 굵은 모래, 흙
거친 호흡 모질게 맞추고

흙기운 마음껏 품어

순하게
숨죽이고
길들어

불가마 속,
긴 열병
고운 기공(氣孔)
들숨, 날숨

맑은 하늘
고운 빛 담아
보듬어 안은 장맛

양지바른 곳
달라붙은 곰팡이
인연 따라 버섯꽃 피어

수천년
건강한 숨을 쉬고

먼 훗날,
때가 되면
흙으로 떠나네

하루살이의 내일살이

가날픈
날개
힘,
힘 있는 몸짓
주어진 시간

온몸 태워,
죽도록 태워
시공(時空) 태워

숨을 몰아
아쉬워
원 없이,
하루를 채웠구나

기다리며 피는 꽃

좋아서
너무 좋아서
사랑의 물을
아낌없이 바쳤건만

돌이 되어 날아오고,
사랑이 되어 날아왔다

기다림,
그리움의 시간
머나 먼
길고 긴
시간 또 흘러
여행을 마치고 돌아오면

꽃이 되어,
사랑이란 꽃이 되어 돌아왔다

Battery is dead

매서운 겨울
종종걸음 나선
새벽녘 주차장
자동차는 런 아웃 밧데리

모든 것은 멈추었습니다

살아 있는 자동차가
스리 살짝
닿기만 한 힘으로
죽은 차는 살아납니다

+ 와 − 가 만나서 새 생명이 탄생합니다

찰나의 "번쩍" 이라는 큰 미시세계를
시인은 봅니다

양과 음
순간의 힘은
멈추었던 삶을
움직이게 합니다

변화의 시작은
작은 변화의 시작이란 걸
크게 깨닫습니다

난 쉽고 작은 일도
아주 소중하게 생각할 것입니다

허락하지 않은 세계

가고 있는 길
혼을 바쳐 가는 길
모든 것을 내놓은 길
그러나
허락하지 않는
허락하지 않는 그 길을
가야 하는지
받아야 하는지
가끔
신이시여
가혹하다, 눈물을 글썽여 보지만
허락하지 않는 그 길을 내려놓으면
허락하는 또 다른 세계, 볼 수 있을 거라는
믿음,
신은
내가 감당할 수 없는
하늘 기운을
맡기신 뒤
감당할 수밖에 없는
선물도 함께 내리시어
해야 할 일을 능력이라 착각하는 일이 없도록
뼈마다 나를 동여 매어주시네

흔적

하얀 눈이 내렸다
하늘에서 하얀 눈이 내렸다

눈밭에 흔적이 생겼다
하얀 눈 또다시
눈밭을 채워
발자국은
사라졌다

하얀 눈밭은 희다.

내가 밟은 그 사람의
상처도
다른 사람이
눈처럼 하얗게
채워 놓았겠지

길

반듯한
노신사
반듯한
걸음, 걸음
흩날리는
흰머리

앞만 보며
도리를 챙기는
뒷 폼새에서
젊은 청년의
푸른 희망을,
넘어서 신념이 비친다

찾아 가야 할, 내 길 앞이
훤히 밝아지는 것은
노신사가
앞서 걸어가기 때문이다

초대

당신을 초대합니다
먼발치에서
스쳐만 가던
당신을

하나이던 그대는
만남과 그냥 하나일 뿐이었습니다

가끔 설레며
몰래 속삭이던
임은
그리워하던 그님은
내 맘속에
그 님이었습니다

그대로의 우리 님이었습니다
그 님은
우리가 생각하는 님으로
남았습니다

따라쟁이들

똑똑한
따라쟁이
무서운
따라쟁이
따라쟁이,

1%의 영감과 99% 노력이라 했던가

"살리에리"는
"모차르트"를
왜 죽도록 미워했을까

사랑했다면,
사랑했다면,

"살리에리"도
"모차르트"가
될 수 있었을 것을.

사람을 찾습니다

아끼고,
바라고,
기대고,
편안한 사람,
쉬고 싶은 사람,
숨기고 싶은 사람,
감추고 싶은 사람,
보고 싶은 사람,

찾고 싶은 사람,
사랑하고 싶은 사람,
필요한 사람,

사람,
사람이 필요하긴 해

그래서,

디오게네소스는 대낮에도
등불을 들고 다녔던가

황홀한 중독

아무에게,
말 못하는,
지독하게,
고독함.

이상적인,
이상적이 아닌,
하루를 보냈다
하루를 또 보냈다

깊은 밤
잠자리에 누워
시집 한 권
펼쳐 보며
잠 아니 오는 밤
마음 달래며
오늘,
오늘을 넘긴다

바보, 바보
바보
누명 쓴 못난이,

쾌감,
허브향,
온몸에 쌓인 전율,

나의 천국,
나의 천국으로 빠져드네

황홀한 중독,
고독, 고독
외론 마음
황홀한 중독
아쉬움,
쓸쓸함,

다가오는
오늘,
내일.

노년

건강,
돈,
친구,
꿈,
희망,

괴테의 말처럼
가까워져만 가는 늙음의 길
상실하며 살아가는
노년의 삶,

건강 찾고
돈 찾고
친구 찾고
꿈 찾고
희망 찾고

찾아서, 찾아가
쫓아가면

잃어버린 허무,
다시 돌아 올 수 있을까

그네들에게
물려준 그 삶
빛 바랠 때
잃어버린 삶,
다시 돌아 올 수 있을까
다시 돌아오는 것

두 번의, 목적지

끌며, 끌며
굵은 땀방울,

울며, 불며
어금니 앙 다물고

깜깜한 겨울
대서양 위,

내 육신, 내일로
밀어 넘긴다

마흔의 시간
등대가 나타나고
꿈속의 파라다이스

폭풍 후
몰아치는
무인도
불혹(不惑)의 섬,

하늘
땅,
휘감아 치는
전신의 충격

시간 속,
걸어오면
놓아버린
이순(耳順)의
하늘 끝,
땅 끝

다가오는
나를 찾는
환상의 섬

섬 속에
네가 있네
내가 있네

무한 촛불

금방
사그라질 듯
몸 낮춘다
다시,
몸 일으켜
흔들리는
가녀린 몸짓

우뚝 선
육신의 힘을,
불꽃으로 올리는
영혼의
빛나는 눈길

고통의 연륜
자지러지는
육신

장미꽃 삶,
숭고한 삶,

살아가는 인생
꺼지잖고 지키는 것은,
네 삶의
눈빛이, 흔들려
맑고,
밝게 일어서기 때문.

애벌레가 초대한 티타임

"나는 두 번의 고통스런 껍질 벗어야만 해,
1%만이 화려한 나비로 살아남거든……"

껍질
껍질 벗고
깨지고
또 깨지고

정든,
아름다움 벗어버리고

나의
길을 가야 하네

사랑
내공(內功)의 다툼,
이젠 시작이야

성숙
시대,

기다리는 변화
선택의 자유
아름다움과의 이별,

내면(內面)의 사랑은 이미 시작되었네.

또 하나의 작품

마지막 장은
Cadenza

감동의 Cadenza
영혼의 Cadenza,

여러분이 채워 주십시오.

우주의 원리, 생명의 원리를 시적 심상, 과학적 논리로 풀어…

/ 박해수 /
(시인, 문학박사)

오정미 시인의 시의 주제 근본은 시간과 공간, 인간과 자연, 우주와 원리를 연결해 하나가 되는 불이(不二) 이지를 찾아 나가는 데 중점을 누고 항상 생각하고 생활하는 데서 모든 것이 시작되고 끝이 난다.

원초적인 것, 무는 유에서 시작하여, 변화와 직관과 통찰, 인간의 심상과 기다림, 고독과 고뇌, 번뇌와 시련, 시인의 상상력은 보이는 것과 보이지 않는 것들을 초점으로 모아 시적 심상을 과학적 근거와 논리 삶의 꿈을 시로 표현해 나감에서 시인은 '왜 그런지는 모르겠으나 성격과 생활습관이 어릴 때부터 시가 이렇게 나오는군요' 라고 말하고 있다. 그리고 '그는 사랑지상주의자, 인간의 심상과 기다리는 인내심, 고독과 고뇌도 시간과 공간으로 보는 사고방식, 그러한 주제가 늘 눈에 보이고 마음에 심상에 도사리고 있다' 라고 한다.

그의 국제문예 데뷔작 「명곡은 $E=mc^2$」, 「와공(瓦工) 품안에서 혼(魂)이 탄생되다」 에서 보이는 시의 첫 출발은 삶의 중요한 호흡을 명쾌하고 단순한 그러나 단순하지 않는 과학적 접근 방법으로 시를 일구어 나간다.

시의 천재적 발상과 소양(素養), 아마 21세기 한국시의 최첨단을 가르고 나가는 첨예한 시적 발상이 드러나는 그의 시편들은 그의 시의 표현, 표양이 정상적인 문학교육을 받았거나 문학적 바탕에서 우러나온 것이 아니라 천성적, 생래적 문학적 끼, 시인적 끼를 하늘에서 물려받은 21세기의 영감적 표현을 안고 태어난 듯하다.

「명곡은 $E=mc^2$」 의 시에서

조그만 스피커/ 흘러나오는 베토벤 현악4중주
현란한 현의 선율/ 온몸 세포 이완하네/
가물, 가물 미지의 영혼놀이/ 내 앞에 펼쳐지고
200년 속으로 여행하며/ 누군가의 악기위에 걸터앉아/
곤한 하루를 내려 놓는다
천재 음악가는 E/ 휴식은 mc^2

「와공(瓦工) 품안에서 혼(魂)이 탄생되다」

흙 빚어 불길 속 참선/ 뜨거운 생명 잉태하니
귀하신 분 와공 등에 업혀/ 공중으로 큰일 치러 간다
공의 손끝에서/ 이리저리 꽃단장/ 암수는 신방을 차린다
서까래 깔고 누워/ 뒷산 같은 용마루 잇고
수 백 년 내다보는/ 망와(望瓦)/
와공(瓦工)혼, 빛/ 미소 머금은
안녕과 평안/ 약속해

「명곡은 E=mc^2」, 「와공(瓦工) 품안에서 혼(魂)이 탄생되다」 이 두 편은 그의 문단 데뷔작이기도 하다.

위 두편의 시는 21세기의 시적전개와 시의 발상이 시인의 직관과 상상력, 영혼의 출렁거림이 와공 품안에서 혼이 탄생되듯 시가 탄생됨을 보여준다.

어쩌면 도학적 깊이와 마음의 수련, 내공을 통하여 연꽃의 아름다움을 피워내듯 그의 시는 천부적 재질, 시의 상상과 직관을 통한 시공의 영혼,

「명곡은 E=mc^2」은 200년의 시공을 뚫고 내려온 천재성 음악선율을 통한 물리학적 공간을 토대로 하여 미지의 영혼을 통해 건너온 시적영혼의 울림이 베토벤의 현악 4중주를 통하여 선(禪)과 명상, 공간 시간의 이동성이 시의 우월성으로 하여 보편적 서정시와의 차별화를 이룬다.

시도 현실인식의 감각, 영혼의 깊이, 표현의 자유와 새로운 인식과 새로운 시심의 깊이가 필요하며 시적 수사, 시적 언어 문명과 문화 물질과 정신에 새로운 감각, 다양화의 변화가 절실하게 요구된다.

음풍농월(吟風弄月), 자연의 순리, 자연의 미학에만 골몰한 자연서정시에 벗어나 21세기의 최첨단문화 물질문명과 문화 속에 젖어 시인의 안일한 안족한 시인의 안분지족만 누릴 것이 아니라 문명과 문화의 충돌, 우주와 자연생성의 원리, 과학적 논거위에 정립된 시인의 지혜, 영혼의 절실한 목소리가 터져 울려 나와야 한다.

오정미 시인의 시적 우월성은 시의 보편적 정서 보편적 일상을 뛰어 넘은 우주 생성의 원리, 생명의 원리를 과학적 논거, 과학적 원리에 입각한 무한상상력의 직관을 시로 추출해내는 특이한 발상의 발로가 어지럽지 않고 단순 명쾌한 시의 표현으로 단도쾌마(短刀快馬), 정신이 번쩍 드는 시의 무한상상력의 궤적을 옮겨다 놓는 직관력의 명쾌함이다.

머릿속에 흐르는 시적 영혼의 상상력, 시어의 간결미, 시적언어의 압축, 시어의 정제된 힘이 실어 나르는 큰 힘이 문명의 이기(利器) 앞에 당당하고 사람의 주인됨을 간결한 메시지로 표현해내고 있다.

흙 빚어 불길 속 참선/ 뜨거운 생명 잉태하니
귀하신 분 와공 등에 업혀/ 공중으로 큰일 치러 간다

인용된 시 구절에서 드러난 흙과 생명 잉태 자연의 근본생성원리에 시인의 불길이 지펴진다. 불과 흙과 물 자연생성원리를 "바슐라르"의 생명잉태, 생명원리의 바탕에 숨결을 맞대고 있다.

시공을 뛰어 넘는 생명원리는 우주공간 생성원리와도 직결된다.

서까래 깔고 누워/ 뒷산 같은 용마루 잇고
수 백 년 내다보는/ 망와(望瓦)/ 와공(瓦工)혼, 빛/
미소 머금은
안녕과 평안 약속해/

시인의 표현 능력과 안목, 표현기교, 시적변용, 시를 다루는 포용능력이 까칠까칠 빛나고 있다.

시인의 시 전편을 읽으면 가슴을 움직이고 요동치는 21세기의 문명적 발상 시의 궤적, 시의 움직임이 우주의 길늘로 연결된다.

오정미 시를 읽고 있으면 시의 미학이 문명과 문화를 앞질러 가고 있으며 시의 궤적이 우주의 아름다운 조화까지 길들여 놓는다.

시의 말들이 길을 내며 시의 말들이 마치 별들의 운행과 우주의 아름다운 조화까지 더듬어 갈 수 있는 시인의 무한 상상력이 지상의 연꽃을 피워내듯 아름다운 시를 피워낸다.

시인은 시 쓰기는 내 삶의 아름다운 영혼이며 스승이라고 당선소감에서 말하고 있다.

가슴과 손이 함께 움직이며 아무도 모르는 그동안의

고뇌를 시로 승화시켜 나가는 시인의 고뇌와 성취감, 만족감으로 시 쓰기는 내 삶의 아름다운 영혼이며 스승이라고 시인의 사유(思惟)를 간절히 묘사하고 있다.

원원유장(源遠流長) 하는 시인의 길이 뜨거운 시의 열정 시의 애착으로 삶의 든든한 생명의 길, 삶의 길로 우리를 안내할 것이라 믿는다.

말의 홍수시대, 글의 홍수시대에 살고 있으나 뷔퐁의 '글이 곧 사람이다' 라고 하는 말에 가까운 글쓰기가 어려운 시대가 아닌가?

물비늘 찰랑거리고 삶의 절실한 아픔과 고뇌 그리움과 사랑, 삶을 절실하고 진실하게 읽을 수 있는 글과 쓰일 글, 생명과 영원을 찾아가는 글들을 찾기가 어려운 실정이다.

"메블라나 루비" 13세기 페르시아 시인은 '언어의 문을 닫고 사랑의 창을 열라 달빛은 창으로 오지 문으로 오지 않는다' 라고 노래했다.

정말 글쓰기 영혼의 대화, 자기만의 고독한 작업인 글쓰기의 절실한 태도와 마음은 얼마나 고고하며 얼마나 향기로운 공간을 뛰어 넘고 영원을 향하고 있는 것일까?

그의 시들은 시의 제목이 벌써 그 누구도 흉내 낼 수 없는 시적 발상 시적 소재 시의 주제 제목들이 남다르다.

1-명곡은 $E=mc^2$ (우주)/ 2-상자 속 아버지(사회)/ 3-www.co.kr(시대)/ 4-Landmark(인류문화)/ 5-카

오스의 꽃(원리)/ 6-나보다 더 중요한 일을 해야 할 때(심리)/ 7-곰팡이의 급한 성질(통찰/유머)/ 8-와공혼, 빛(정신문화)/ 9-바람 부는 대로(감성)/ 10-단풍곱다(자연)/ 11-Lim $\Delta \rightarrow 0$(물리)/ 12-길(교육/인생)

58편의 시속에 담겨 있는 시의 제목들이 시인의 잠재의식 깊이 내재된 영혼의 아우라로 빚어지고 있다. 구도(求道)의 삶이 빚어지는가 하면 사람으로 들어가는 문 - MASTER KEY- 사람의 길이기도 하다.

열쇠,/ 열쇠 하나/ 맞추어보라
갈고 닦고/ 다듬고 보듬어/ 이리저리 요리조리
쓰다듬고 안아보아라/ 가끔,/ 쇠끝 칼날
찢긴 상처/ 선홍피 따갑고/ 아파 쓰라리지만
궁리하고 고뇌하며/ 매력발산을 마음껏 하여 보아라
Master Key 하나 멋지게 만들어보아라
그 열쇠,/ 사람이/ 세상으로 들어가는
문을 열리게 할 것이다/

궁리하고 고뇌하고 매력발산을 마음껏 하여도 그 열쇠를 통하여 사람이 세상으로 들어가는 문이 우리의 가슴을 흡족하게 열어 줄 수 있을까 시인의 시적 언어는 단순하고 명쾌하다. Master Key 하나 멋지게 만들어 보아라 하는 선험적 구호는 우리의 가슴과 심장에 꽂혀 우리의 머리를 뇌살 시키고 있다. 단순하고 어렵지 않는 직설적 대화가 시인에게는 시가 되고 가슴을 움직이는 시의 표어, 표제가 된다.

시인이 보내온 담백하고 솔직한 시심의 표양을 표현한 편지글이다.

"선생님
저의 시주제의 근본은 시간과 공간, 인간과 자연, 우주와 원리를 연결해 하나가 되는 것을 이치로 찾는데 중점을 두고 항상 생각하고 생활하는 데서 모든 것이 시작되고 나옵니다.
원초적인 것, 무는 유에서 시작, 변화, 직관과 통찰 이런 것들 왜 그런지는 모르겠으나 성격과 생활습관이 어릴 때부터 그러니 시가 이렇게 나오는군요.
인간의 심상과 기다리는 인내심, 고독과 고뇌도 시간과 공간으로 보는 사고방식, 그러한 주제가 늘 보입니다.

시는 문학예술 분야이지만, 학문과 예술을 양손으로 가지는 세계의 몇 안 되는 존경스러운 예술가들을 보았고, 그분들은 세상을 한 번씩 바꾸며 모든 이에게 영원히 행복과 힘을 전해주었습니다.
고통과 질타 속에서 본인의 길을 즐겁고 아름답게, 때로는 바보스럽게 걸어가며 고뇌하고 꽃피는 걸 보았습니다.
학문과 예술을 함께 가진다는 것은 신이 내리는 선물이지만, 그 선물을 받으려 노력해 보렵니다.

마지막으로,
우리 꿈나무들에게 어려운 과학적 이론을 문학적 감성을 통하여, 학문적 친근감에 보탬이 되었으면 합니다.

모자라고 부족한 글이지만 해설하시는 데 도움이 되시면 좋겠습니다."

이 편지글을 드러내 보이는 것은 시인의 해독하기 어려운 시심의 발단, 시의 이해, 어쩌면 암호, 기호화되기도 한 그의 시 제목의 일단을 살펴 그의 시 심장부, 그의 시 가슴과 맞닿아 시인의 영혼과 가슴에 입맞춤해보는 시의 지름길을 찾아보고자 함이다.

아마 21세기 초에 이러한 시의 양태, 시의 변화를 나타내 보이는 것은 문학의 고루한 구태의연(舊態依然)한 재래식 문학에 경종을 울리기 위함에서인가.

시적발상과 유연한 직관과 상상력이 새 옷을 입고 21세기 극도로 첨예하고 민감한 과학문명의 극대점에 시인은 사람과 자연 우주 문명과 문화에 선명한 메시지를 보낸다.

「극(極)」이라는 시가 이러한 정경과 의식 시의 메시지를 보내온다.

촘촘한/ 그물망 손질/ 넓디넓은 대양을 겨누고
소박한 갑판/ 차가운 주먹밥/ 거센 파도, 싸우고
사랑스러운 물고기/ 창으로 찌른다
젊은 기혈,/ 올라오는 파도와
푸른 대결/ 펼친다, 물거품 날리며
늙은 선장은 푸른 물결,/ 사랑 연을 맺어 황혼을 나누네

허만 멜빌(Herman Melvile)의 《백경》, 어네스트 헤밍웨이(Ernest Hemingway)가 남겨 놓은 《노인과 바다》를 연상하게 한다.

그러나 시인은 21세기의 문명, 문화의 극을 간결한 서정, 대양, 젊은 기혈, 파도, 푸른 대결 등 고3 수험생과 취업의 문이 좁은 대학생, 젊은 청춘 남녀들에게 보내는 희망의 메시지이기도 하다.

시인의 사랑과 열정, 휴매니즘은 시대, 시간, 공간을 초월하는 사랑과 아픔 고뇌 번민의 아픔 속에 우러나오는 숨어 우는 숨어 피는 꽃의 순결과 열정이 아닐까?

「따라쟁이들」

똑똑한/ 따라쟁이/ 무서운/ 따라쟁이 따라쟁이,/
1%의 영감과 99% 노력이라 했던가
"살리에리"는/ "모차르트"를 왜 죽도록 미워했을까/
사랑했다면, 사랑했다면,/
"살리에리"도 "모차르트"가/ 될 수 있었을 것을.

「 황홀한 중독 」

아무에게,/ 말 못하는,/ 지독하게,/ 고독함./
이상적인,/ 이상적이 아닌, 하루를 보냈다/ 하루를 또 보냈다
깊은 밤/ 잠자리에 누워 / 시집 한 권
펼쳐 보며/ 잠 아니 오는 밤

마음 달래며/ 오늘, 오늘을 넘긴다
바보, 바보/ 바보
누명 쓴 못난이,
쾌감,/ 허브향,/ 온 몸에 쌓인 전율,
나의 천국,/ 나의 천국으로 빠져 드네
황홀한 중독,/ 고독, 고독/ 외론 마음
황홀한 중독/ 아쉬움,/ 쓸쓸함,
다가오는/ 오늘,/ 내일,

「공간 사랑」

위에 또 위/ 아래, 또 아래/ 끝없는 우주
사랑의 전율/ 사랑의 전쟁,/ 알 수 없는
공간/ 공간의 다툼
나는 속물근성/ 나는 속물근성을 버린
뜨거운 마음,/ 네 사랑과 겸손,
내 사랑과 겸손으로 풀어 놓네

항상 사랑과 음악의 대천재 모차르트와 살리에르와의 비교, 사랑과 겸손 오만과 속물근성을 이야기 하는 시인이다. 그의 시 군데 군데에 시의 표현 기법 시의 구조에 시어 언어에 대한 사랑, 삶과 죽음 시간과 공간 순수와 예술, 미에 대한 인식은 자신의 확고한 인식론의 바탕 위에 설정되고 표현되어 나오는 시적 발현(發顯)이다.

지금까지 한국시와 서양시에 있어서 시의 제목이나

시의 의미구조, 시적 패러다임이 오정미 시인의 발상과 표현으로 이루어져 있었던가?

아마 이러한 시적 발상과 시의 표제들은 그가 선천적 선험의 인식바탕 위에 현실 21세기적 과학적 문명, 문화 극대화되고 첨예화된 현실의 틈바구니에서 우러나온 하늘에서 뚝 떨어져 나온 시가 아니라 오래 묵은 삶과 생활의 근저 시인의 천래적(天來的)이요, 생래적(生來的)인 가슴과 머리에서 빚어 올리고 건져 올린 천부적 시인이라 일컬을 수 있다.

남의 흉내를 내거나 재래적 서정시, 신 서정, 도시시, 해체 시, 모던, 포스트모던, 슈르레알리즘, 리얼리즘, 다다이즘 등 모든 요소를 적시고 있는 간결한 시 형태는 독특한 그의 시의 한 분야, 앞서간 시인의 모습, 초상(肖像)이 될 것이다. 앞으로 이러한 시 제목과 시 형식, 내용, 의미들이 돌출할 것이라 예상 된다.

여러 마리의 양들이 걷고 있을 때 앞서 가는 양 한 마리가 다리를 절면 따라 가는 모든 양들이 다리를 절며 걷는다.

문학과 예술은 이러한 모습에서 벗어나야 한다. 자기만의 독특한 세계관 인식, 인생관, 개성에서 비롯되어야만 한다.

오정미 시인은 「또 하나의 작품」에서

마지막 장은/ Cadenza/

감동의 Cadenza/ 영혼의 Cadenza,/
여러분이 채워 주십시오.

라고 끝 작품에서 말한다. 미련과 아쉬움 시인이 못다 부른 노래 시의 미숙함과 여운을 여러분이 채워 달라는 공간 미학을 남겨놓는다.

시인의 앞과 뒤는 분명하다. 이제 불혹의 나이로 시작하는 오정미 시인의 시적 발상과 시적 의욕은 젊고 푸르다.

아마도 서른의 잔치가 끝나고 마흔의 초두, 시작에서 그의 첫 시집 그의 처녀성, 시의 처녀성을 드러내 보이는 것은 21세기가 안고 있는 문명의 이기, 극대화된 과학적 발현의 현상 위에 시인이 구축해 나가고자 하는 시 세계 정치, 경제, 문화, 사회, 균일화 되고 획일화된 사회에 던지고자 하는 시인의 맑고 밝은 시의 투명성위에 정치 민주화의 구도에 구호를 던진다. 그의 짧은 시에는 긴 메시지를 담고 있다.

젊고 발랄한 여류시인의 시가 가야 할 길, 운명이고 숙명적인 시인의 길이 밝고 환한 21세기의 촉수가 되고 촛불, 문명, 문화의 이기 삶의 아름답고 충족된 행복의 미래로 나아가는 디딤돌이요 기둥이 되기를 간절히 고대(苦待)하며 모든 시 전편을 해설하지 못한 아쉬움을 뒤로 남기며 그의 시가 '우리문학', '세계문학' 의 한 갈래를 선도해 나가는 길 위에 오롯이 남아 총총한 별이 되기를 축원하며 해설의 끝을 맺는다.